AMBROISE THOMAS

LEÇONS DE SOLFÈGE

A

CHANGEMENTS DE CLEF

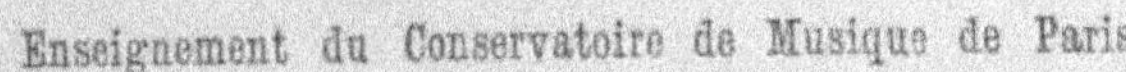

Enseignement du Conservatoire de Musique de Paris

LEÇONS DE SOLFÈGE

A

CHANGEMENTS DE CLEF

COMPOSÉES POUR LES

EXAMENS & CONCOURS

DU

CONSERVATOIRE DE MUSIQUE

(1872-1885)

PAR

AMBROISE THOMAS

DIRECTEUR DU CONSERVATOIRE

Pour faire suite aux *Leçons de Solfège à changements de clef* de D. F. E. AUBER.

1°
Édition autographiée d'après la copie en usage dans les classes du Conservatoire
En deux Livres grand format:

1er Livre:	*Leçons pour les classes des Chanteurs.*	Prix net: 10 fr.
2e —	*Leçons pour les classes des Instrumentistes.*	— 12 fr.

2°
Édition gravée, les deux livres réunis en un seul volume. Prix net: 7 fr.

3°
Édition populaire sans accompagnement de piano. . . . Prix net: 2 fr. 50

PARIS
AU MÉNESTREL, 2bis, RUE VIVIENNE, HENRI HEUGEL
Éditeur-propriétaire des Solfèges et Méthodes du Conservatoire

TOUS DROITS DE REPRODUCTION RÉSERVÉS — PROPRIÉTÉ POUR TOUS PAYS

1886

BIBLIOTHÈQUE NATIONALE RF IMPRIMÉS

Vm8 1080

©

LEÇONS DE SOLFÈGE

A CHANGEMENTS DE CLEF

composées pour les

EXAMENS ET CONCOURS

du

CONSERVATOIRE DE MUSIQUE

par

AMBROISE THOMAS

ÉDITION POPULAIRE. *ÉDITION POPULAIRE.*

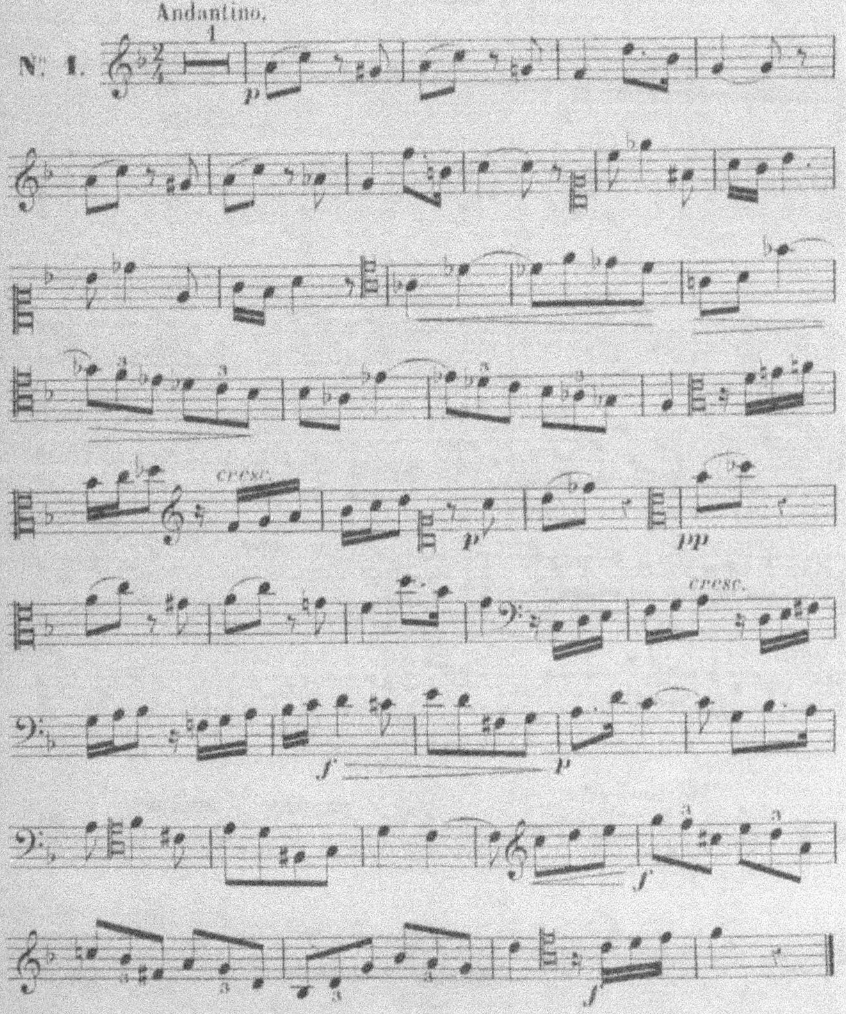

Paris, AU MÉNESTREL, 2 bis rue Vivienne. HENRI HEUGEL, Éditeur.

Andantino.
N°. 2.
p
cresc.
p
cresc.
p
rit.
Andantino.
N°. 3.
p
cresc.
f
dim.
p
All°. moderato.
N°. 4.
f
p

cresc.
p
f
dim.
p
rit.
And^no. con moto.
N°. 5.
p
cresc.
p
cresc.
p

Andantino.
Nº 6.
mf
cresc.
p
Allegretto.
rit.
p
p
p
cresc.
dim
pp
Andantino.
Nº 7.
p
dim.
cresc.
f
dim.
p
cresc.
f
dim.
pp

dim. rit.

Moderato.

N° 8.

p

p cresc. p

dim. pp

All° moderato.

N° 9.

dim. cresc

dim.

f

Moderato.
Nº. 10.
p
cresc.
f
dim.
cresc.
dim.
p
cresc.
dim.
p
dim.
Andantino.
Nº. 11.
p

cresc.
p
f
dim.
pp
Andantino.
Nº 12.
sf
sf
cresc.
f
dim.
rit.
p
cresc.
pp
pp

Andante.
Nº 13.
cresc.
dim.
rit.
pp
Allegretto.
p
1
Andantino.
Nº 14.
p
mf
dim.
cresc.
dim.
dim.
p

rit.
p
Moderato.
Nº. 15.
p
cresc.
f
p
dim.
Andantino.
Nº. 16.
p
rit.

Andte. con moto.
No. 17.
p
cresc.
mf
dim.
mf
dim.
f
dim.
p
rit.
Andantino.
No. 18.
p
p
mp
mf

pressez un peu.
p
cresc.
Tempo 1°
f
p
cresc.
f
p
rit.
pp
Andante.
N° 19.
p
cresc.
cresc.
p
f
rit.
pp
Allegretto.
p
f
cresc.
sf
p
pp
rit.

Andante.
Nº. 20.
p
cresc.
dim.
pp
cresc.
dim.
p
rall.
Allegretto.
p
cresc.
f

Andante.
N° 21.
p
cresc
f
p
dim.
pp
Allegro.
mf
p
cresc.
p
cresc.
f
dim.
p
cresc.
f

Andantino.
Nº 22.
mf
p
cresc.
f
rit.
Moderato.
pp
cresc.

Andantino.
Nº. 23.
cresc.
dim.
Allegretto.
dim.
rit.

Andno con moto.
No. 24.
p
cresc.
f
dim.
p
dim.
pp
Poco ritenuto.
dim.

No. 25.
Andantino.
cresc.
f
dim.
p
rit.
All° moderato.
p
dim.
Allegro.
f
p
pp
f
dim.
p
f

All° moderato.
N° 26.
mf
dim.
p
f
dim.
p
cresc.
f
dim.
p
mf
pp
cresc.
f
dim.
rit.
p
And'e sostenuto.
N° 27.
mf
p
cresc.
rit.
p

All.º moderato.
p
cresc.
dim.
pp
cresc.
rit.
a Tempo.
p
cresc.
p
f
ff

Andantino
Nº 28.
p
dim
sf
f
dim.
p
dim.
p
cresc.
dim.
rit.
pp
Andantino
Nº 29.
p
pp

f
p
f
3
3
cresc.
p
dim.
pp
3
3
cresc.
3
p
cresc.
f
dim.
p
dim.

Andantino.
Nº 30.
p
dim.
dim.
pp
f
f
dim.
p
rit.
Allº sostenuto.
Nº 31.
p
sf

cresc.
f
p
cresc.
f
dim.
p
dim.
rit.
pp
All°. moderato.
N°. 32.
f
p
dim.
p
pp
rit.

Allegretto.
Nº 33.
p
cresc.
sf
p
sf
p
f
dim.
3
p
Moderato.
Nº 34.
p
3
f
p
pp
cresc.
f
dim.
p

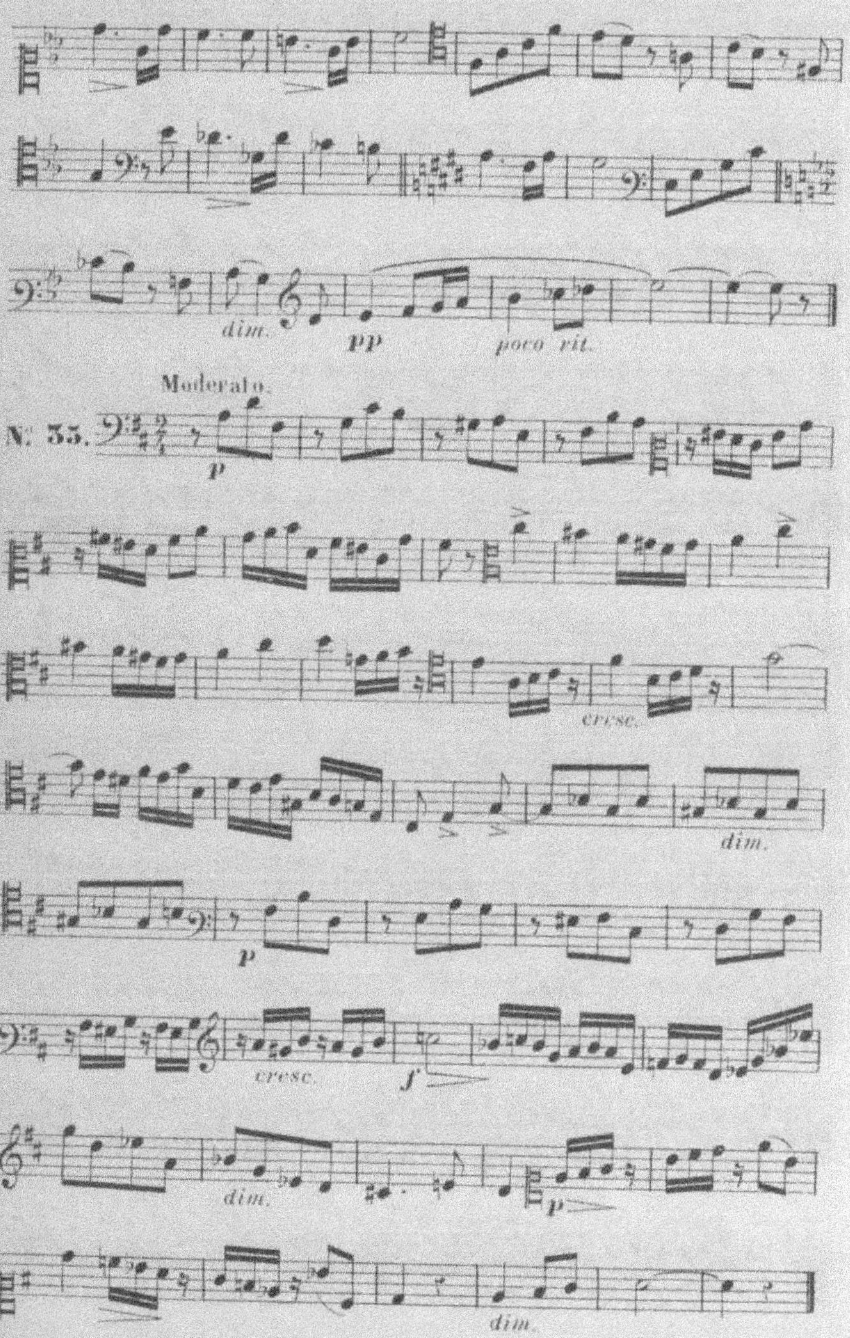
dim.
pp
poco rit.
Moderato.
N° 35.
p
cresc.
dim.
p
cresc.
f
dim.
p
dim.

Moderato.
Nº 36.
p
f
dim.
p
cresc.
f
p
cresc.
f
p
Andno con moto.
Nº 37.
p
p
cresc.
p
f
dim.
p

cresc.
dim.
p
p
dim.
f
Allº moderato.
Nº 38.
p
f
p
f
p
cresc.
f
p
cresc.
f
p
dim.

Allegretto.

N.º 39.

Allº moderato.
Nº 40.
f
p
cresc.
p
rit.
Tempo 1º
cresc.
f
dim.
p rit.
f risoluto.

Allegretto.
Nº 41.
p
cresc.
p
cresc.
f
dim.
Andantino.
rit.
p
cresc.
dim.
f
Allegretto.
p
cresc.
f
dim.
a Tempo.
p
rit.
f

Allº moderato.
Nº 42.
p
cresc.
f
p
cresc.
f
f
f
f
f
p
cresc.
a Tempo.
rit.
dim.
p
f

Allegro.
risoluto.
Nº 43.
f
p
cresc.
dim.
Plus largement.
p ritenuto.
Tempo 1º
dim.
Andantino.
Nº 44.
cresc.

f
dim.
p
dim.
p
cresc.
sf
dim.
pp
Moderato
Nº 45.
p
cresc.
f
p
f
dim.
p
rit. pp

Allº moderato.
Nº 46.
p
cresc.
f
p
sf
sf
f
p
f
dim.
f
p
cresc.
f
dim.
p
riten.
Allegretto modto
Nº 47.
1
f
dim.
f
dim.
p

f
dim.
dim.
ff
dim.
p
pp
sf
sf
dim. rit.
a Tempo
cresc.
cresc.
f

All° moderato.
N° 48.
f
dim.
1
p
f
p
f
p
dim.

Allº moderato.
Nº 49.
f
f
f
dim.
p
ritenuto
Andte con moto.
2
p
f
f
f
f
dim.
pp
pp

And^te sostenuto.
N° 50.
f
dim.
p
cresc.
f
p
p
All° moderato.
p
cresc.
dim.
cresc.
p
cresc.
sempre cresc.
f
dim.
p
dim.
f

All° non troppo.
N° 51.
2
p
f
dim.
p
dim.
p
cresc.
f
Élargissez
ff
dim.
a Tempo
p
p
pp
f

Andte. sostenuto.
No. 52.
f
dim.
p
f
p
sf
f
p dim
Modto. Tempo di Polacca.
p
f
dim.
p

pp
f
p
dim.
f
Allegro.
Nº 53.
f
f

Andante.
f
p
rit.
dim.
Allegretto.
p
cresc.
p
mf
p
p
dim.
p
cresc.
sf
p

dim.
dim. rit.
p
And.te sostenuto.
N.o 54.
f
f
f
dim.
p
pp
All.o moderato.
p

dim.
pp
cresc.
dim.
cresc.
pp
Allegro.
Nº 55.
dim.
rit.
Andantino.

cresc.
dim.
mf
sf
sf
sf
rit.
dim.
p
f
Allegretto.
p
p
p
dim.
pp

Allegro.
Nº 56.
cresc.
And^te. sostenuto.
dim.
All^o. vivo.
rit.

f
f
dim.
p
cresc.
f

All.º moderato.
Nº 57.
p
cresc.
f
p
p
cresc.
f
Adagio.
p
a volonté.
rit
cresc.
dim.
rit.
pp
All.º Tempo 1º
cresc.
f
dim.
p

cresc.
f
p
cresc.
f
dim.
p
poco rit.
Tempo 1º
f
Nº 58.
FANTAISIE.
Allº moderato.
f
dim.
p
cresc.
p
sf

Largo sostenuto.
p
cresc.
dim
rit.
Tempo 1º
mf
Allº moderato.
1
p
cresc.
f
p
cresc.
dim.
p
f

cresc.
ff
All.° moderato.
N.° 59.
f
dim. rit.
p
Andante.
p
sf
sf
mf
p
cédez un peu.
pp
rit.

All° moderato.

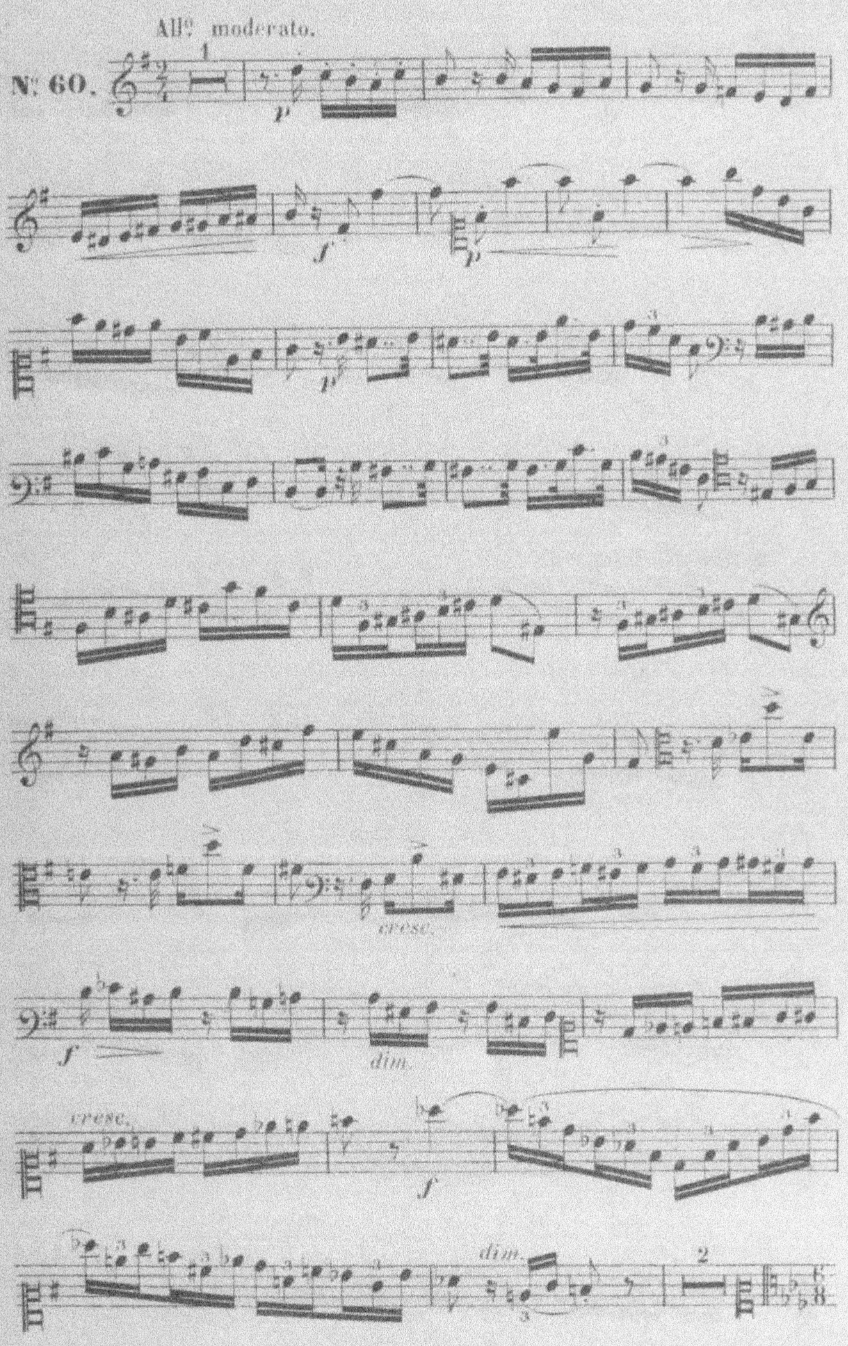
All° moderato.
N° 60.
p
f
p
p
cresc.
f
dim.
cresc.
f
dim.

Andte. sostenuto.
p
cresc.
p
cresc.
f
p
dim.
poco rit.
pp
Allo. modto. Tempo 1o.
p
f
dim.
pp
sans rigueur
Risoluto.
cresc.

dim.
All.º moderato.
Nº 61.
cresc.
dim.
rit.

(Baudoux Gr.) Paris, Imp. Fouquet, (E. Dupré S^r.) rue du Delta, 26.

www.ingramcontent.com/pod-product-compliance
Ingram Content Group UK Ltd.
Pitfield, Milton Keynes, MK11 3LW, UK
UKHW021501260726
13993UKWH00004B/1511